自家訓練系列 3

時鐘先生這樣說

關心妍、羅乃萱 著

Kyra Chan 圖

向孩子傳遞正向價值信念

家，是孩子的第一所學校。而父母，就是他最好的老師與示範。

這些年從事親子教育，眼見很多孩子被父母寵壞：動輒就大叫大喊發脾氣，但骨子裏卻是缺乏自信，不懂得愛惜自己、尊重別人。更不懂的，就是如何自律，安排時間，甚至收拾東西、做家務等等。

別以為這些是小事，讀好書考好成績是大事。

不。

當一個孩子對自己有信心，他便會接受新的挑戰與成長。

當一個孩子懂得愛惜自己，他便會懂得怎樣關心別人。

當一個孩子懂得自律，他便會自動自覺，懂得規劃時間。

當一個孩子懂得自理，他便會更獨立懂得照顧自己，不用要求父母事事幫忙。

這也是我跟心妍的信念。

所以當那天，心妍跟我談到她想寫些對幼稚園孩子有正向教育意義的兒歌時，我就想到這四個可以寫成日常生活故事的兒童繪本。結果，一拍即合，她提供一些故事橋段，我動筆把自己觀察的跟她的配合來寫。但這四本書最特別之處，是她寫了四首琅琅上口，極易背誦的兒歌，配合故事讓孩子邊讀邊唱，我們想傳遞給他們的價值信念，就是可以這樣「深入童心」了。

　　自從當了婆婆後，發覺自己好像「重新做人」似的，重新學習跟這一代的孩子相處。而每趟跟乖孫的互動，都是超級愉快，更發現他十分喜歡互動故事。所以當父母與孩子共讀這套書的時候，可以自加一些延伸活動：

　　如心心怕去面試，和父母玩的「扮老師」遊戲可以延續下去，好像「扮爸媽」、「扮公公婆婆」、「扮家務助理姐姐」等。這樣我們就可以知道多一點這些人物在孩子心中的形象。

　　如信信的自理故事可延伸至問孩子想幫媽媽做哪些家務，會否想幫忙「洗米」、「搓麵粉做麵包」等等，都可增加孩子對家務的興趣。有朋友告訴我，自從孩子懂得「洗米」後，他的那碗飯都是吃得一乾二淨的。

　　不少父母覺得閱讀就是要孩子「識字」，我卻深深覺得，讓孩子透過閱讀愛上閱讀，對世界充滿好奇，並覺得閱讀是跟自己的生活貼近的，才是閱讀的初衷。

至於怎樣跟孩子講書中的故事，可按他們的年齡與認知程度調校。二三歲的孩子，可以讀一兩頁，問問他書中的圖畫內容，慢慢讀慢慢欣賞繪本中的圖畫。如果孩子可專心聽，就可以一頁一頁跟他分享，歡迎家長在其中加入情節，如加入公公婆婆等，會更貼近他的生活。更加鼓勵的是，當孩子讀那本有關「自律」的繪本讀得入神時，忽然見到家中有幾本繪本沒放好，便將之放回書架，這類「讀以致用」的投入，我絕對歡迎。

　　我是個愛突發奇想，任由腦袋自由奔放想像的人。所以很歡迎各讀者（特別是爸媽）將這四個故事的主幹「妙想天開」，發揚光大。不過重要的是，故事中的四個信念：自理、自信、自律、自愛要深深種在孩子的心靈啊！

羅乃萱

讓孩子走上正確的道路

「教養孩童，使他走當行的道，就是到老他也不偏離。」

——箴言 22:6

自我成為母親後，以上這句一直都是對我十分重要的經文。孩子要從小開始教導，讓他未來走上一條正確的道路，不偏離左右。因此在創作這套繪本時，特以自理、自信、自律、自愛為主題。現在的小朋友很需要學習「自己的事自己做」，從小培養獨立的習慣。當孩子發現，在學校或日常生活上，很多事情他都可以做得到時，就能夠提高他們的信心，變得更加有自信。孩子有自信的時候，他就會有喜樂，就會有平安，就會有好的品格。

希望這套繪本和我創作的兒歌，都能夠祝福我們的孩子。

關心妍

這天，媽媽買了一個
好可愛的大鐘回家，她把
大鐘高高掛在客廳的牆壁上。

媽媽說：「這是一個會說話的時鐘，我們要留意聽聽他說什麼啊！」

早上六時半，時鐘鐺鐺叫了。
信信和心心聽到
時鐘先生這樣說：

起牀啦！

起牀啦！

信信和心心聽到，
就很快地起牀，
洗臉刷牙，

穿上校服，
吃媽媽做的豐富早餐。

早上七時半，時鐘鐺鐺叫了。
信信和心心聽到
時鐘先生這樣說：

上學啦！

上學啦！

鐺　　鐺

信信和心心聽到，立刻背起書包，
跟爸爸媽媽說再見，坐上校車上學去。

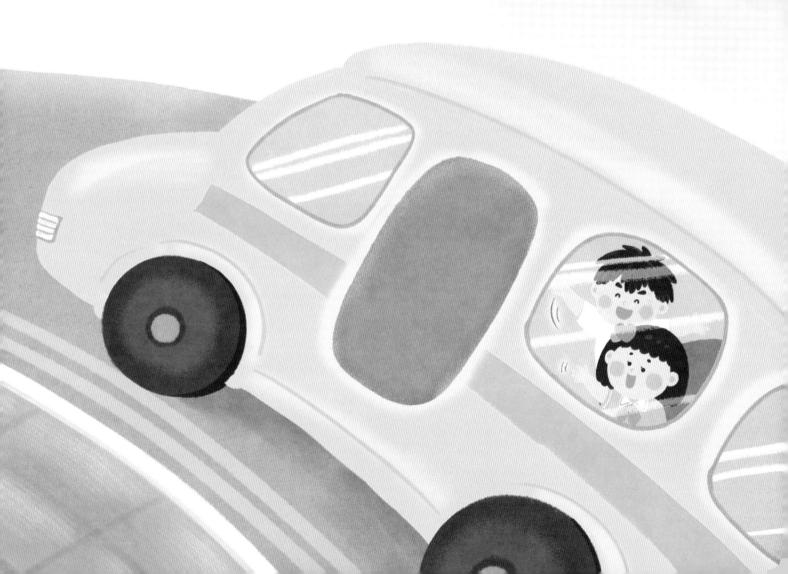

這天在學校，信信的老師這樣說：
「時鐘先生是一位好老師，
時時刻刻提醒我們該做的事，
讓我們生活有規律啊！」

信信聽到，感到很興奮，
一放學回家，就立即告訴媽媽：

「老師說，時鐘先生是一位
好老師，我們都要聽他啊！」

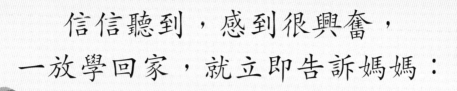

下午五時正回到家，
時鐘鐺鐺叫了。
信信和心心聽到
時鐘先生這樣說：

鐺鐺

洗澡啦！

洗澡啦！

原來媽媽已在浴室準備好，
信信讓心心先洗澡，
然後輪到自己。

晚上六時正，時鐘鐺鐺叫了。
信信和心心聽到
時鐘先生這樣說：

吃晚餐啦！

鐺鐺

吃晚餐啦！

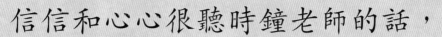

信信和心心很聽時鐘老師的話，

看見飯桌上放了他們
最愛吃的番茄炒蛋，
便一起跟媽媽說：

「謝謝媽媽！」

晚上七時正，時鐘鐺鐺叫了。
信信和心心聽到
時鐘先生這樣說：

做功課啦！

做功課啦！

信信和心心就把功課拿出來，
心心碰見不明白的地方，
便會問哥哥信信，
信信也樂意教導妹妹。

遇到兩兄妹都
不能解答的問題時，
他們才去找爸爸媽媽。

晚上八時正，時鐘鐺鐺叫了。
信信和心心聽到時鐘先生這樣說：

休息時間啦！

休息時間啦！

這時信信和心心做完功課了，
便從櫃子裏拿出心愛的玩具來玩，
或拿一本心愛的圖書來閱讀。

這個時候，時鐘先生又說話了：

拿出來的東西，
要放回！
打開了的櫃門，
要關好！

知道，知道！

晚上九時正，時鐘鎧鎧叫了。
信信和心心聽到時鐘先生這樣說：

睡覺啦！

睡覺啦！

信信和心心就坐在牀邊，
聽爸爸媽媽說故事。

故事說完了，他們也
乖乖地上牀睡覺了。

時鐘先生就是這樣
每天勤勞地工作。

直到這天……

「時鐘先生為什麼不說話了？」信信問。

媽媽拍了時鐘先生幾下，
發覺他生病了，於是帶他
去修理師傅那裏醫治。

上午 6:30

上午 7:00

雖然沒有時鐘先生的提點，
但信信和心心已經建立了良好的規律。

上午 7:30

下午 5:00

下午 7:00

他們都能按時起牀、吃早餐、上學、
洗澡、做功課、玩耍和睡覺。

下午 8:00

下午 9:00

這天，時鐘先生病好了，回家了。

早上六時半，時鐘鐺鐺叫了。
信信和心心聽到時鐘先生這樣說：

起牀啦！

起牀啦！

鐺　　鐺

他們很開心，
拍手歡迎他回來：
「時鐘先生，有你真好啊！」

親子互動區

想一想

1. 為什麼信信的老師會說時鐘是位好老師？
2. 時鐘先生後來為什麼不說話了？
3. 你的生活規律和信信心心一樣嗎？試說一說平常你是什麼時候起牀、上學、吃三餐、洗澡、做功課、玩耍和睡覺？
4. 你放學回家後會自動自覺做功課嗎？還是要爸媽提醒？
5. 如果生活沒有規律，沒有在適當的時間做適合的事，會有什麼問題出現？

動一動

1. 親子一起動手做一張生活作息時間表。
2. 親子一起玩「1 分鐘的比賽」，先約定比賽項目，如原地跳，比賽 1 分鐘內可以跳多少下，讓孩子感受時間的長短，建立時間概念。（限時及比賽項目可有其他變化）
3. 親子一起聽聽唱唱這本書所附的兒歌，家長也可和孩子一起設計動作，邊唱歌邊跳舞。

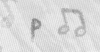

掃描 QR 碼，
和孩子一起唱兒歌。

自律的孩子

主唱：關心妍、楊榮心
作詞：關心妍
作曲：關心妍
編曲：李明宇

鐺鐺鐺 鐺鐺 鐺鐺 鐺鐺鐺 鐺鐺　時 鐘 的 老師 呼叫 我　快 快去 起牀 和快

快 做 清潔　不需 父母 擔心 我 常常　過 有規律的生 活　自己溫 書 做功 課 自

律 的 心 已 成 習 慣　毋 須 他 人 提 醒 我

時鐘先生這樣説

作　　　者：關心妍、羅乃萱

繪　　　者：Kyra Chan

責任編輯：周詩韻

美術設計：Kyra Chan

出　　　版：明窗出版社

發　　　行：明報出版社有限公司

　　　　　　香港柴灣嘉業街18號

　　　　　　明報工業中心A座15樓

電　　　話：2595 3215

傳　　　真：2898 2646

網　　　址：http://books.mingpao.com/

電子郵箱：mpp@mingpao.com

版　　　次：二〇二二年七月初版

ＩＳＢＮ：978-988-8688-51-7

承　　　印：美雅印刷製本有限公司

版稅收益將撥捐妍亮生命慈善基金及家庭發展基金作慈善用途。